Anonymous

Fibel und erstes Lesebuch für die Volksschulen

Anonymous

Fibel und erstes Lesebuch für die Volksschulen

ISBN/EAN: 9783744630283

Hergestellt in Europa, USA, Kanada, Australien, Japan

Cover: Foto ©Paul-Georg Meister /pixelio.de

Weitere Bücher finden Sie auf **www.hansebooks.com**

Fibel

und

erstes Lesebuch

für die

Volksschulen.

Preis, in Leinwanddrücken, 16 Neukreuzer.

Wien.
Im k. k. Schulbücher-Verlage.
1869.

Die in einem k. k. Schulbücher-Verlage herausgegebenen Schulbücher dürfen nicht um höhere als die auf dem Titelblatte angegebenen Preise verkauft werden.

1.

i u e

e u   e u i   u i e.

2.

o a

u o i a i o e u a

u e o i u e o a.

3.

ai ei au

ai u ei e i au

ei o u e ai.

4.

ä ö ü

a e ä o e ö u i ü.

5.

äu eu

au ai äu ei eu.

6.

m

am, im, um.

7.

n

in, an, in ein, ein ei,
um ein ei.

8.

l

öl, lau, ei le, ei ne mei le, ei ne eu le, um ei ne au, au en im mai, in öl, ei ne lei ne, ei ne neu e lei ne.

9.

r

er, eu er, ei er, neu, ein neu er, ei ne neu e, ei ne ul me, ei ne er le, mei ne ar me, ei ne lei er, lau, lau er, ei ne mau er, räu me, rei ne rei me.

10.
v f

von, vom, vor, auf, lauf,
faul, feil, fein, ei ne eu le,
ei ne fei le, fau le ei er, ei ne
mau er, von ei ner mau er,
vom neu en, ei ne lar ve.
von mir, vor mir, im lau fe,
für ar me, ein feu er im
o fen, ru fe.

11.
w (ie)

war, weil, wir, wein, wei nen,
wür fel, wär me, wür mer.
wo? wer? wem? wen? wie?
war um? von wem? für wen?

wer war er? wie war er?
wo war er? wo waren
wir?
nein, nein, neun ei mer wein,
ein neu er reif, in mei nen
ar men, wir mei nen, ein
lö we, ei ne lö win.

12.

ſ s ß

ſo ſei es, weiß, los, eis, aus,
ſüß, fuß, er las es lei ſe, in
ſei ner wei ſe, wir la ſen,
ei ne maus, mäu ſe, ein
mäus lein, ei ne meiſe, wo
war ſie? wer weiß es? er
muß ler nen?

weiß er es? ei ne wei ße
ro se, ein rös lein, sü ßer
wein, wir rei sen, wer muß
rei sen? wir wei sen, wir
rei ßen, wir wei ßen, ein reif
aus ei sen.
wei ßer reis, rei fer mais,
sü ßes mus, er aß lin sen, er
saß, wir sa ßen, wir a ßen.

13.
h ch

heu, hof, huf, haus, heiß, hin,
her, he fe, ha fer, hö ren, ho len,
hau en, ei ne hau e, ein hau er,
ein ha fen, ein haf ner.
roh, rauh, nah, wer war nah?
was sah er? er sah ein reh,
ei nen u hu.

ich, auch, mich, nach, noch, weich, reich, hauch, rauch, ach, o weh, sie wei nen, nach mir, für mich, für sich, wir la chen, ein weil chen, ei ne ei che, ei ne ei chel, ei ne he chel, wei che aus, rei che mir ein veil chen.
ha se, häs chen, ho se, hös chen, ei ne ho he säu le, wie hoch? neun fuß hoch, ich hö re auf.

14.

sch

schau, scheu, schon, schön, schaf, rasch, fisch, schu le, schü ler, schä fer, schau fel, schä len, a sche, wä sche, rau schen, ha schen.
ei ne schar fe sche re, ein neu er schuh, ei ne schö ne scha le, hei ße a sche, ein nä scher, ei ne nä sche rin,

weißer schaum, rasche hirsche,
faule fische, schöne reine wäsche.
wäscherin wasche, schäfer scheren
schafe, schau mich an, schüler
lernen lesen, was noch? ein
fauler schüler muß sich schämen.

15.
j

ja, je, jäh, joch, januar, juni,
juli, jause, jenes, jauche,
jasmin, jonas, josef, julie,
julius.
jener schüler, jene scheune,
jenes haus, an jenem hause,
ein joch ochsen, er sah es ja,
josef lerne! julie auch.
im juni war es heiß, im juli
war es heißer, im juni sah ich
rosen, ja auch noch im juli.

16.

d t

rad, neid, leid, du, da, dein, dir, dich, doch, der daumen, die nadel, das rad, die räder, das dach, die dächer, ein adler, ein faden in der nadel, aus weichem leder, hirsche im walde, hasen auf dem felde, schafe auf der weide, die daumen an den händen.
mit, laut, weit, haut, scheit, ton, tuch, teich, tisch, tausch, tief, eine tafel, meine tasche, unser vater, seine tochter, laue lüfte, laute töne, heitere nächte, eine wachtel, eine alte fichte, reiset weiter! wartet nur eine minute auf mich!
die seide in der schachtel, am rande des teiches, an manchen

or ten, tin te in der fe der. er re det deut lich. die ro sen duf ten. win de we hen. wer fei let das ei sen?
die sol da ten fech ten. wo mit? sie ver wun den ein an der. die än ten auf dem tei che tau chen un ter. die hun de wa chen, sie ma chen die run de, sie hü ten mit dem hir ten die her de auf dem fel de. die wäch ter wa chen. mü de leu te su chen ru he.

17.

st

ast, fest, most, nest, last, list, lust, rest, rost, faust. sü ßer most, ein al tes nest auf dem ast. hast du lust am ler nen? das ist schön. ist das ler nen ei ne last? nein, es ist ei ne lust.

die la sten, wir fa sten, sie ra sten,
der för ster im for ste, der ad ler
im hor ste, die sol da ten rü sten sich.

18.
b p

ab, ob, lob, leib, weib, laib, laub,
raub, taub, schaub.
bach, bad, buch, bär, baum, bauch,
bein, beil, beu le, o ben, ü ber,
ne ben, ein sä bel, die far be, der
we ber, die bi bel, die fi bel, ei ne
rü be, ein ra be, ei ne tau be, ei ne
lau be, die bu che, die bü cher, ein
räu ber, das le ben, ein nach bar.
er be tet, er rei set ab, ob heu te
noch, wer weiß es? die wein lau be
hat re ben. aus bir nen be rei tet
man most. mei de bö se bu ben!
pech, post, pu del, pal me, per le,
pin sel, pul ver, pol ster, rau pe,

lampe, rampe, pumpe, mispel, peter, paul, pauline. öl in der lampe, farbe im pinsel, perlen in der muschel. weit hin tönet die posaune.
die raupe schadet dem baume. bürsten bin der machen pinsel aus borsten. wer pochet mit dem fuße? der september ist der neunte monat. an dem bache wachsen erlen. in der muschel wachsen perlen.

19.

g k

tag, weg, teig, reisig, honig, saftig, mäßig, artig, lustig, luftig.
gast, geist, gabel, geige, garbe, gurgel, auge, wage, säge, feige,

lau ge, vo gel, jä ger, au gust, das gas, die geiß.

gu ten mor gen! gu ten tag! je de gu te ga be, jun ge gän se, ge mü se im gar ten, sai ten auf der gei ge, rin ge am fin ger. ler ne täg lich et was gu tes! sei gut tag für tag! jä ger ja gen. fi sche wer den mit der an gel ge fan gen. wo mit noch?

kuh, keil, keim, kö nig, kai ser, kir che, ka sten, kir sche, ku chen, kü che, kö chin, kür bis, kör per, kur bel.

ha ken, win kel, pau ken, fer kel, mar ke, nel ke, bir ke, gur ke, mol ke, wol ke, fun ke, fal ke, tik tak, mu sik, ta bak, ok to ber.

kal te kü che, bir ken im wal de, die or gel in der kir che, kin der in der schu le, käl ber bei den kü hen, ein gim pel im kä fig, neun ke gel mit der ku gel. der gär ber wal ket die häu te. kin der ha ben kei ne for gen. fol da ten bei der ka no ne, wie hei ßen die? hun ger ist der be ste koch.

20.

qu

quer, qual, quä len, qua ken, quet schen, ein quä ler, ei ne qua ste, der quen del, be que me schu he, quer ü ber den weg.

was qua ket? man chen ar men quä let der hun ger. den quen del ver wen det die kö chin. am quer= we ge ist ein weg wei ser. fau le leu te ma chen es sich be quem.

21.

x

fe lix, a le xan der, ma xi mi li an.

22.

z

zu, zum, zur, zeit, zaum, zaun,
zug, zeug, ze he, zä he, zan ge,
zun ge, zei le, zei chen, zo bel,
zei sig, zü gel, zei ger, zun der,
zi be be, zi geu ner.

lan ze, schan ze, wal ze, ker ze,
kan zel, mün ze, her zog, wei zen,
win zer, ran zen, wur zel, scher zen,
tan zen, sal zen, hei zen.

zei len im bu che, mün zen aus
sil ber, bän der an der schür ze, ein
zaun um den gar ten, ein zir kel

zum zeichnen, zinken an der gabel, seine säden zu einem zarten gewebe.

aus dem harze bereitet man pech. eiserne nägel werden mit der zange aus dem holze gezogen. was muß man salzen? halte deine zunge im zaume! emsige kinder verkürzen sich die zeit mit arbeit. wer ächzet? wer jauchzet? im dezember werden die tage am kürzesten. zu welcher zeit haben wir die kürzesten nächte?

23.

hemd, band, mond, mund, bunt, wald, feld, gold, schuld, hanf, senf, fünf, alt, welt, wolf, schilf, hals, fels, puls, falsch, balg, talg, milch, molch, kelch, kalk, gelb, kalb, helm, halm, schelm, qualm, holz, pelz, salz, pilz, gans, zins, ganz, tanz, mensch, ring, gang, jung, bank, fink, dank.

arm, wurm, lärm, form, garn, hirn, dorn, kern, korn, quirl, dorf, torf, horch! bart, wort, wirt, berg, sarg, burg, werg, werk, mark, kork, herz, harz, märz, korb, herd, hirsch, marsch, durst, fürst.

luft, gift, saft, heft, wachs, fuchs, sechs, nacht, docht, licht, jagd, magd, gips, mops, napf, topf, kopf, haupt, art, obst, papst, markt, punkt, arzt, herbst, links, rechts, vor wärts.

24.

fl fleisch, flachs, fla sche, flech te. die flö te tönt. fleiß macht heiß. flau men sind die weich sten fe dern. die fle der maus hat ei ne flug haut, kei ne flü gel.

fr frisch, frei, die frau, das fräu lein. frö sche qua ken, frost scha det den früch ten. freu et euch des le bens.

schl schlau, schlank, schla fen, die schlä fe, schla gen, der schlä gel, schlicht und schlecht. schlan gen schlei chen, schlei fer schlei fen sche ren, was noch?

schm schmalz, schmaus, schmerz. schma ler weg, schmale kost. die wun de schmerzt. das eis schmilzt. das gold wird ge= schmelzt.

schn schnau ben, schnau fen, schna bel, schnau ze. mit der schnur schnürt man, mit der sche re schnei det man, mit der peitsche schnalzt man.

schw schwalbe, schwein, schwarte, schweiß. er schwingt das schwert. mir schwindelt, ich schwanke. er schwenkt den hut. schwere wolken schweben über uns. die luft ist schwül.

schr schreien, schreier, schreiben, schreiber, schrift, schrein, schrank, schragen, schräg, gersten schrot. der schreiner macht schränke, tische und bänke, was noch? den nagel schlägt man, die schraube windet man.

25.

bl blei, blech, blut, blasen. blaue blüten, blöde augen, bleiche wangen, bloße füße.

br brot, brei, braten. die augenbrauen, braune rinde, brache felder, breite bänder, das herz in der brust. der brauer braut.

pl plan, plaudern, ein plauderer, plagen, eine plage, planken am zaun. der regen plätschert.

pr pralen, ein praler, prangen, pracht, prächtig, prunken. primeln blühen im märz. münzen werden geprägt. schüler werden geprüft.

gl glühen, glut, gleiten, glitschen, glanz, glänzen. das glas bricht leicht. gleich und gleich.

gr grab, grube, gruft. grobes graues tuch. was glänzt früh morgens am grase? greif an den hut und grüße.

kl klingen, klang, klinge, klingel, klinke. kleine kinder, klare augen, kluge reden, reine kleider.

kr kreis, kranz, kreuz, krone. kreuz und quer, krebse im bache. krähen und raben krächzen.

gn gnade, gnädig.

kn knabe, knecht, kneten, knoten, knopf, knäuel. harte knochen, weiche knorpel, knoten am halme, knospen am baume.

26.

dr drei, drehen, draht, drechseln, drechsler, drunten, droben, drüben, draußen. wer drischt in der scheune?

tr tragen, tracht, treiben, trift, trinken, trank, tränken, trunk. blaue trauben, trübe tage, ein treuer freund.

st star, stein, steif, steil, stechen, stachel, stich. stufe für stufe, stunde um stunde.

str streichen, strich, ein streich, der streicher, streicheln. breite straßen, große ströme, zank und streit, böse streiche, strenge strafen.

pf pfau, pfeil, pfund, pfingsten. schwere pfosten, starke pfeiler, ho he pfor ten, ein schma ler pfad. pfer de stam pfen mit den hu fen. der pfir sich ist ei ne stein frucht.

pfl pflug, pflan ze, pfla ster. blau e pflau men. der bau er pflügt. der kran ke braucht pfle ge.

pfr mit dem pfro pfe o der stöp sel ver stopft man die fla sche. der pfropf wird aus kork ge macht. kork ist die rin de der kork ei che.

sp span, specht, spund, spa ren, spar sam, spär lich. der sper ling auf dem da che, die spu le an der spin del, spei chen am ra de. spal te das holz! spa ten sind werk zeu ge zum gra ben.

spr spre chen, die spra che, der spruch, das ge spräch, sprin gen, sprung, spren gen. glas ist sprö de.

zw zwei, zweig, zwin gen, zwang. zwetsch ken an den zwei gen, na del und zwirn. schwal ben zwit schern.

27.

A Arm, Art, Arte, Arzt, Ärzte. Almosen für Arme. Adler haben scharfe Augen.

J Igel, Iltis, Insel, Ida, Ignaz. Ameisen sind Insekten.

U Uhu, Ulme, Unke, Umlaut, Unkraut, Übel, Überzug.

E Erde, Erle, Eiche, Eule, Egel, Engel, Enkel. Insekten legen kleine Eier.

O Ofen, Oheim, Osterfest, Orgelton, Opfer, Österreich. Oliven geben Öl.

M Maus, Mauer, Mantel, Mandeln stößt man im Mörser. Maurer brauchen Mörtel.

N Nebel, Nelke. Nadeln und Nägel, Mund und Nase. In der Nacht leuchtet der Mond.

L Leder, Leim. Luft und Licht, Land und Leute, Lust und Leid, Leib und Leben.

R Rind, Rand, Rinde, Reis, Reisig, Rost. Ein Rad an der Achse, grüner Rasen, eine Magd mit dem Rechen. Rosen und Nelken duften.

W Wachs, Wolf, Wurm, Welt. Wind und Wolken, Wege durch den Wald. Eile mit Weile!

J Jugend, Jüngling. Ein Jäger mit dem Jagdhund, Ochsen im Joch. Manches Obst reift schon im Juni und Juli.

H Haus und Hof, Hand und Herz, der Hirt bei der Herde. Hirsche und Rehe leben im Walde.

S Sichel und Sense, Salz und Senf, Staub und Steine auf der Straße, Spechte und Sperber, Sprudel und Strudel im Strom.

Sch Schimpf und Schande, Schlag auf Schlag, das Schwert in der Scheide, Schmer und Schmalz.

B Blüten auf dem Baume, Bast unter der Rinde, Weiden und

Erlen am Bache, des Hasen Balg, die Büchse des Jägers.

P Pudel, Pelz, Pferde am Pfluge. Pfeil und Bogen, Pulver und Blei. Ein Pfand in der Hand.

F Freund und Feind, Freud und Leid, Fische und Frösche. Aus einem kleinen Funken wird oft ein großes Feuer.

V Vater, Veilchen, Vogel, Vorhang am Fenster, Volk, Fürst und Vaterland.

D Dunst und Dampf, Dach und Fach, Disteln und Dornen, Hunger und Durst.

T Teig im Troge, Tag und Nacht, Tauben auf dem Dache, aus dem Regen in die Traufe, schwere Tropfen.

Z Zange, Zunge, Zaum und Zügel am Pferde. Schwalben und Störche sind Zugvögel.

G Gras und Gebüsch, des Goldes Glanz, des Geldes Wert, auf

Treu und Glauben, Gruß und Dank.

K Kirche, Kreuz, Kelch, Kanzel, Kloster. Knöpfe an den Kleidern, eine Klafter Holz. Aus Kreuzern werden Gulden.

Ch Chor, Christ, Chrisam.

Qu Quartal, Quatember, Quadrat, Quaderstein.

X Franz Xaver. **Y** Ypsilon.

28.

mm nn ll rr

Kamm, Stamm, krumm. Fromm wie ein Lamm. Hast du dir fremdes Gut genommen, wirst du der Strafe nicht entkommen.

Mann, Kinn, dünn. Erst besinnen, dann beginnen. Wie gewonnen, so zerronnen. Bei Eigensinn ist kein Gewinn.

Ball, Fell, voll, toll. Heller Himmel. Auch durch schwache

Streiche fällt am End' die stärkste Eiche.

Herr, Narr, wirr, dürr. Jeder Mensch kann irren. Das Täubchen auf dem Dache girrt. Der Käfer durch die Lüfte schwirrt.

29.

bb pp ff dd tt ſſ (ß)

Auf die Ebbe folgt die Flut. Krebse krabbeln. Affen klettern. Widder stoßen. Der Storch klappert mit dem Schnabel. Der Dotter ist gelb. Woraus macht man die Butter? Ich brauche Wasser, einen Krug voll, eine Kanne voll, ein Schaff voll. Ich habe Wasser verschüttet. Ich bin naß. Wer nicht arbeitet, soll auch nicht essen. Nicht alle Schwämme sind eßbar. Gib Acht, daß du keinen giftigen Schwamm essest. Iß nicht, was du nicht kennst. Die Nuß ist braun, die Schale ist grün; die Nüsse sind süß, die Schalen sind bitter.

Kennst du den Eppich? Der Eppich ist eine Schlingpflanze. Er heißt auch Efeu. Er hat glatte grüne Blätter, er klettert an den Bäumen hinan, er schlingt sich um Bäume.

Gott ist der Vater aller Menschen. Gott ist der Herr aller Geschöpfe. Er hat alles erschaffen. Himmel und Erde sind voll von Gottes Herrlichkeit.

Wenn Menschenhilfe dir gebricht, dann hoff' auf Gott und zage nicht!

30.

ck (kk) tz (zz)

Die Peitsche knallt: klick, klack, klick, klack! Wir reisen fort mit Sack und Pack, Glück auf die Reise!

Es ist heiß. Die Hitze drückt. Die Hitze treibt den Schweiß heraus. Wir schwitzen. Wolken bedecken den Himmel. Die Wolken sind dunkel. Es kommt ein Gewitter. Blitze zucken, der Donner rollt. Der Blitz kann treffen, der Blitz kann zünden. Er trifft zuweilen die Spitze des Turmes. Die Eiche ist groß, er kann sie dahinstrecken. Die Tanne ist schlank und fest, er kann sie zersplittern. Das Gestein ist starr und hart, der Blitz kann es zertrümmern. Ich zittere nicht vor Donner und Blitz. Mich schützet Gott. Er hat mich erschaffen, ich bin sein Kind. Ich will fromm sein und fleißig und folgsam. Gott schützet mich, er ist allmächtig. Er will es, der Donner verstummt. Er will es, der Blitz erbleicht. Die Wolken zerreißen. Die Sonne blickt freundlich.

Ich bin gesund, gelobt sei Gott! Mich hat der süße Schlaf erquickt! Nur wer gesund ist, ist beglückt.

31.

aa ee oo

Der Aal ist ein Fisch. Er ist glatt und schlüpfrig. Er gleicht einer Schlange. Aber der Aal hat Flossen.

Der Adler ist ein großer Vogel. Er heißt auch Aar. Er raubt und frißt andere Vögel. Der Aar ist ein Raubvogel.

Faules Fleisch heißt Aas. Manche Raubvögel fressen Aas.

Der Landmann streut den Samen auf den Acker, er säet. Was der Landmann gesäet hat, nennt man Saat. Das Saatfeld wird grün. Wann?

Du bist jung. Welche Farbe hat dein Haar? Du wirst alt werden. Dein Haar wird grau oder weiß sein.

Ein Paar fleißige Hände bei der Arbeit sind besser als baares Geld im Kasten.

Die Häuser stehen auf festem Boden. Wir gehen auf trockenem Lande. Nicht überall ist es fest und trocken. Ein großes Wasser umgibt das Land, es heißt Meer. In das Meer laufen große Flüsse. Im Meere leben große Fische. Das Meerwasser ist salzig, man kann es nicht trinken.

Der See ist auch ein großes Wasser. Das Meer ist größer als der See.

Wer von euch kennt den Klee? Der Klee ist dreiblätterig.

Es schneiet. Zu welcher Zeit fällt Schnee?

Du bist hungrig. Dein Magen ist leer.

Die Beere ist eine Frucht. Die Erdbeeren wachsen auf sonnigen Plätzen im Walde. Kennst du noch andere Beeren?

Boote sind kleine Schiffe.

Moos wächst auf Felsen und an Bäumen. Den Torf sticht man aus dem Moore.

32.

ie

Verschiebe nie auf morgen, was du heute kannst besorgen. Aus dem Näscher wird leicht ein Dieb. Ein Dienst ist des andern wert.

Kaiser und Könige regieren die Völker, darum heißen sie auch Regenten.

Manche Leute tragen Waren von Haus zu Haus und bieten sie zum Kaufe an, man sagt, sie hausieren.

33.

ah ih uh eh oh äh üh öh

Die Ahle ist ein Werkzeug des Schusters. Der Müller mahlt das Getraide zu Mehl. Was der Maler malt, ist ein Bild.

Gott ist unser Vater. Ihm sagen wir Dank für alles. Bittet ihn, und ihr werdet empfangen, was euch nützlich ist. Er kleidet die Vögel unter dem Himmel und gibt ihnen Speise zu rechter Zeit.

Holzkohlen liefert der Köhler, Steinkohlen gräbt man aus der Erde. Die Dohlen sind schwarz. Das Schilfrohr ist hohl.

Im Frühjahr und im Herbst weht oft ein kühler Wind.

Wenn die Uhr abgelaufen ist, muß man sie aufziehen. Zeitig mit den Hühnern zu Bette, früh auf mit dem Hahn um die Wette.

Der Lehrer lehrt, die Schüler lernen. Der Hehler ist so schlecht wie der Stehler. Ehrlich währt am längsten. Zuerst denke, dann rede. Gewöhne dich daran!

34.

th

Der Kopf ist ein Theil des Leibes. Thür und Thor sind Theile des Hauses.

Vor gethan und nach bedacht, hat manchem schon groß Leid gebracht. Wer hat schon Thee getrunken? Wie war er?

Keinem Thierlein thu ein Leid; sieh, in seinem schlichten Kleid hat's doch Gott im Himmel gern, schaut so freundlich drauf von fern.

Wohlzuthun und mitzutheilen vergesset nicht!

35.

𝔄 𝔅 ℭ 𝔇 𝔈 𝔉 𝔊 ℌ 𝔍 𝔎
a b c d e f g h i j k
a b c d e f g h i j k
A B C D E F G H IJ K

𝔏 𝔐 𝔑 𝔒 𝔓 𝔔 ℜ 𝔖 𝔗
l m n o p q r ſ s ß t
l m n o p q r s ß t
L M N O P Q R S T

𝔘 𝔙 𝔚 𝔛 𝔜 ℨ.
u v w x y z.
u v w x y z.
U V W X Y Z.

36.

Ich habe einen Kopf, zwei Augen, zwei Ohren, zwei Arme, zwei Hände, zwei Füße. Rechts, links. Wie viel Finger sind an jeder Hand? Wie viel Zehen an jedem Fuße? Wie viel Finger sind an beiden Händen? Wie viel Zehen an beiden Füßen?

Der Mund hat zwei Lippen: eine Oberlippe und eine Unterlippe.

Der Vogel hat zwei Füße. Das Pferd geht auf vier Füßen. Die Fliege hat sechs

Füße. Der Krebs hat acht Füße und zwei Scheren, mit denen er zwicken kann. Die Schlangen haben keine Füße.

Die Woche hat sieben Tage. Wie heißt der erste, der zweite, der dritte, der vierte, der fünfte, der sechste, der siebente?

37.

Das Blut ist roth, die Lippe ist auch roth. Die Kornblume ist blau. Wie ist das Veilchen? Die Haselnuss ist braun. Das Gold ist gelb. Was ist noch gelb? Das Gras ist grün.

Was ist noch grün? Der Rabe ist schwarz. Was ist noch schwarz? Die Maus ist grau. Der Schnee ist weiß. Nennet mir drei Dinge, die weiß sind.

Wie sind die Rosen? Wie sind die Lilien? Wie sind die Kirschen? Wie sind die Haare? Die Menschen haben eine weiße oder schwarze, eine braune oder gelbe Hautfarbe.

Auf der Wiese blühen viele Blumen: die gelben Dotterblumen, die blauen Glockenblumen und die weiße Schafgarbe. Die Wiese ist bunt.

38.

Die Kugel ist **rund**. Der Kopf ist **rundlich**. Die Hirnschale ist **gewölbt**. Der Stock ist **gerade**; das Horn ist **krumm**. Die Nadel ist **spitzig**; der Fingerhut ist **stumpf**.

Der Tisch kann **eckig** sein; er kann aber auch **rund** sein. Das Messer ist **scharf**; wie kann es noch sein?

Die Schneidezähne sind **scharf**; die Augenzähne sind **spitz**; die Backenzähne sind **stumpf**.

Die Butter ist **weich**; der Stein ist **hart**. Das Blei ist **schwer**; die Feder ist **leicht**. Die Rinde der Tanne ist **rauh**; die Fensterscheibe ist **glatt**. Das Mühlrad wird **nass**; der Mühlstein bleibt **trocken**. Der Schnee ist **kalt**; die Hand ist **warm**.

Das Eis ist **glatt, kalt** und **hart**. Die Brotrinde ist **rauh, braun** und **trocken**. Das Eisen ist **grau**; wie ist es noch? Die Suppe ist **warm**; wie kann sie noch sein? Das Moos ist **weich**;

wie ist es noch? Ist der Schwamm **schwer**
oder **leicht**?

39.

Ist die Milch **roth**? Nein, die Milch ist
weiß. Ist das Stroh **gelb**? Ja, das Stroh ist
gelb. Ist der Schnee **warm**? Ist der Apfel
eckig? Wie sind die Erdbeeren? Wie ist
das Eis? Wie ist das Papier? Die Rosen sind
wohlriechend. Was ist noch **wohlriechend**?
Der Schwefel ist **übelriechend**. Die Tulpe
ist **geruchlos**; sie hat keinen Duft. Der reife
Apfel ist **schmackhaft**. Das reine Wasser
ist **schmacklos**.

Die Fensterscheibe ist **durchsichtig**,
das Holz ist **undurchsichtig**. Der Tag ist
hell, die Nacht ist **dunkel**. Das Quellwasser
ist **klar**, die Pfütze ist **trüb**. Das Gold ist
glänzend, das Blei ist **matt**. Der Ochs ist
groß, die Maus ist **klein**. Die Straße ist
breit, der Fußweg ist **schmal**. Der Fluss
ist **tief**, der Bach ist **seicht**. Die Eiche ist
hoch, der Strauch ist **niedrig**.

40.

Die Stricke sind **dick**, die Fäden sind **dünn**.
Die Schweinsborsten sind **grob**, die Hasenhaare
sind **fein**. Die Weidenruthen sind **biegsam**,

die Holunderzweige sind spröde. Das Leder ist biegsam, die Kreide ist spröde. Die Milch ist flüssig, der Käse ist fest. Der Grashalm ist saftig, der Strohhalm ist dürr. Der Greis ist alt, der Knabe ist jung. Das Glas ist rein oder unrein. Die Katze ist reinlich, das Schwein ist unreinlich. Das Hirschleder ist stark, das Schafleder ist schwach.

Nenne drei Thiere, die schnell sind. Nenne ein Thier, das langsam ist. Nenne drei Thiere, welche wild sind; drei Thiere, die zahm sind. Der Wolf ist grausam, das Schaf ist sanft. Das Pferd ist muthig, der Hase ist furchtsam. Sind die Raupen schädlich? warum?

41.

Ich lese, wir lernen. Wir hören, wir sehen, wir athmen, wir sprechen, wir denken. Wir thun etwas. Wir können sehr viel thun. Wir sollen aber nur Gutes thun. Der Lehrer lehrt. Die Schüler lernen. Der Müller mahlt. Der Bäcker backt. Der Fischer fängt Fische. Der Jäger jagt.

Das Pferd wiehert. Der Hund bellt. Die Katze miaut. Der Ochs brüllt. Die Kuh muht. Das Kalb plärrt. Das Schaf blökt. Die Ziege meckert. Das Schwein grunzt. Die Maus pfeift. Der Bär brummt. Der Wolf

heult. Die Gans schnattert. Die Henne
gackert. Die Bruthenne gluckt. Der Hahn
kräht. Der Rabe krächzt. Der Geier kreischt.
Die Taube girrt. Die Lerche trillert.
Nachtigallen, Finken und Wachteln schlagen.
Der Gimpel pfeift. Die Schwalben zwitschern.
Die Frösche quaken. Die Wasserkröten unken.
Die Schlange zischt. Die Grille zirpt. Die
Biene summt. Der Käfer schwirrt. Der Vogel
fliegt. Der Fisch schwimmt. Der Wurm
kriecht. Der Baum wächst. Die Blume blüht.
Das Wasser fließt, es rieselt, es rauscht.

Das Pferd läuft, es zieht den Wagen, es
trägt den Reiter, es frißt Heu, es liegt,
es schläft.

Das Haus wird gebaut. Steine werden ge=
brochen. Ziegel werden gebrannt. Das Haus
wird bewohnt. Die Geräthe werden verfertigt.
Die Speisen werden gekocht. Die Kleider werden
angezogen. Die Kinder werden erzogen. Das
kleine Kind wird gewaschen, es wird ange=
kleidet, es wird ausgezogen, es wird ge=
nährt, es wird schlafen gelegt.

42.

Der Hirsch läuft schnell. Der Hahn kräht
laut. Der Schüler lernt, wie? Die Glocke tönt,
wie? Der Ton klingt, wie? Was duftet lieblich?

Lies laut! Leset deutlich! Leset schön! Redet wahr!

Der Hase lief **links**, der Jäger schoß **rechts**. Wird der Jäger den Hasen getroffen haben? Der Hund sprang **seitwärts**. Der Krebs geht **rückwärts**. Der Fleißige kommt **vorwärts**. Was ist im Zimmer **oben**? was ist im Zimmer **unten**?

Ein Schüler wurde bestraft; warum? Warum muß manches Haus niedergerissen werden? Der Acker muß gepflügt werden; warum? Warum wird die Wiese gemäht? Der Stein sinkt im Wasser unter; warum? Der Kork schwimmt auf dem Wasser; warum? Warum wird es bei Tage zuweilen dunkel? Die Feder ist da; wozu? Wozu hat man das Buch? Wir brauchen das Holz; wozu? Das Wasser wird verwendet; wozu? Wozu benützt man das Mehl? Wozu braucht man die Kleider?

43.

Gott hat den Himmel und die Erde, die Sonne, den Mond und die Sterne erschaffen. Auch die Berge und Thäler, die Flüsse und Bäche, die Wälder und Wiesen und Äcker sind Werke Gottes.

Der liebe Gott gibt uns Sonnenschein und Regen, Tag und Nacht, Aussaat und Ärnte, Speise und Trank. Alles Gute haben wir von ihm.

Sagt's den Kindern allen, daß ein Vater ist, dem sie wohlgefallen, der sie nie vergißt.

44.

Vater und Mutter werden mich einmal verlassen; aber Gott verläßt mich nicht. Wenn ich arm und hilflos bin, so nimmt Gott sich meiner an. Er sorgt für mich und gibt mir alles, was mir gut ist. Darum will ich gern seinen Willen thun, und als ein frommes Kind zu ihm beten.

Niemals will ich es vergessen, daß er alles weiß, was ich thue. Er sieht mich, wenn mich auch die Menschen nicht sehen. Selbst was ich denke, weiß der liebe Gott. Auch im Geheimen will ich nichts Böses thun.

Wenn ich immer fromm bleibe, so nimmt mich der liebe Gott einmal zu sich in den Himmel. Dann werde ich selig sein.

Ausgeführte Stoffe zur Anschauung.

1. Das Buch.

Vor mir liegt ein Buch. Ich lese darin. Das ist mein erstes Lesebuch; es heißt auch Fibel. In manche Bücher kann man schreiben; sie werden Schreibbücher genannt.

Früher war mein Buch geschlossen; jetzt ist es offen. Das Buch hat Blätter. Jedes Blatt hat zwei Seiten. Wenn das Buch aufgeschlagen ist, habe ich rechts eine Seite und links eine Seite. Wenn ich die Seite rechts zu Ende gelesen habe, muß ich das Blatt umschlagen. Umschlagen heißt auch umblättern. Ich muß behutsam umblättern, sonst beschädige ich mein Buch. Ich darf auch nicht unnütz darin blättern.

Das Buch hat zwei Deckel aus Pappe; sie sind steif. Wo die Deckel verbunden sind, ist der Rücken des Buches; er ist aus Papier, Leinwand oder Leder.

Der Buchdrucker hat das Buch gedruckt, der Buchbinder hat es gebunden. Ich sehe, daß die Blätter glatte Ränder haben. Der Buchbinder hat sie beschnitten.

2. Die Tafel.

In der Schule lerne ich lesen. Ich lerne aber auch schreiben. Zeichnen möchte ich wohl auch gern. Zum Schreiben und zum Zeichnen brauche ich eine Tafel. Weil ich auf die Tafel schreibe, heißt sie Schreibtafel; weil ich auch darauf rechnen kann, heißt sie Rechentafel.

Die Dinge, welche in der Schule gebraucht werden, heißen Schulgeräthe. Ich brauche die Tafel in der Schule; daher ist sie ein Schulgeräth. Ich schaue meine Tafel an. Sie hat vier Ecken. Ein Ding, welches Ecken hat, ist eckig. Ein Ding mit vier Ecken hat eine viereckige Form. Meine Tafel ist lang und breit. Sie ist aber länger als breit; daher hat sie die Form eines länglichen Vierecks.

Die meisten Tafeln haben eine Platte und einen Rahmen. Der Rahmen ist aus Holz gefertigt und hat vier Theile. Die Platte ist aus Stein. Dieser Stein heißt Schiefer. Eine Tafel aus Schiefer nennt man eine Schiefertafel. Der Griffel oder Stein, mit dem ich auf die Tafel schreibe, ist ebenfalls aus Schiefer. Der Schiefer hat eine schwarzblaue Farbe. Die Buchstaben, welche ich mit dem Griffel schreibe, sind weiß. Man kann sie auslöschen; dazu braucht man einen Schwamm.

3. Das Schulzimmer.

Ich gehe in die Schule; daher bin ich ein Schüler. Es sind mit mir noch viele Kinder in der Schule; sie sind meine Mitschüler. Die Schulstube oder das Schulzimmer hat große Fenster; es ist hell und licht, damit wir die Dinge genau sehen können.

Im Schulzimmer sehe ich lange Bänke; diese bestehen aus einem Sitzbrett und aus einem Pultbrett mit einem Fache. Vor den Bänken steht der Tisch des Lehrers.

An der Wand sehe ich eine große schwarze Tafel, auf die man mit Kreide schreibt; sie heißt Wandtafel. Das Geschriebene kann man mit einem Schwamme oder Tuche auslöschen. Auch ein Ofen ist da; wenn es draußen kalt ist, wird er geheizt.

Ich sehe im Zimmer vier Wände: eine vor mir, eine hinter mir; rechts eine Wand, links eine Wand. Über mir ist die Decke, unter mir der Fußboden. Will ich in das Zimmer treten, so muß ich die Thür öffnen, dann die Schwelle überschreiten. Bin ich eingetreten, muß ich die Thür leise schließen.

4. Das Haus.

Im Hause ist der Mensch gegen Hitze und Kälte, Wind und Regen geschützt. Die Häuser werden aus Holz, Ziegel oder Stein gebaut; darum heißen sie Gebäude. Das Haus hat vier äußere Mauern oder Wände. Auf den Wänden steht der Dachstuhl, auf diesem liegt das Dach. Das Dach ist hoch; höher als das Dach mit seinen Giebeln ist der Schornstein oder Rauchfang.

Die Wände haben Öffnungen; in diesen sind die Thüren und Fenster angebracht. Durch das Hausthor oder die Hausthür kommt man in die Hausflur oder in den Hausgang. Von da gehen Thüren rechts und links in Stuben oder Zimmer und Kammern, oft auch in die Küche. Eine Treppe führt von der Hausflur abwärts; man steigt in den Keller. Eine andere Treppe führt aufwärts; man steigt in das obere Stockwerk oder auf den Dachboden. Ein Haus mit einem Stockwerk ist einstöckig. Welches Haus nennt man zweistöckig?

Ich weiß ein kleines nettes Haus, ein Thier mit Hörnern schaut heraus, das nimmt bei jedem Schritt und Tritt sein Häuschen auf dem Rücken mit. Doch rührt man an die Hörner fein, zieht's langsam sich in's Haus hinein. Was für ein Haus mag das wohl sein?

5. Das Brot.

„Bück den Rück'! Bück den Rück'!" ruft die Wachtel dem Schnitter zu. Der Schnitter ist der Landmann, der auf dem Felde das Getraide schneidet oder mäht. Er mäht es mit der Sense oder mit der Sichel zur heißen Ärntezeit; da fallen die Halme.

Die Knechte und Mägde binden sie in Garben und legen diese in Haufen zusammen. Fünfzehn Garben in einem Haufen nennt man ein Mandel. Dann wird der große Ärntewagen herbeigefahren, die Garben werden darauf geladen, und die Pferde ziehen ihn zur Scheune.

Die Garben sind schwer; denn in den vollen Ähren stecken viel tausend Körner. Die Drescher schlagen sie mit ihren Flegeln heraus: klipp klapp! Das Korn muß gereinigt werden von Spreu und Staub, dann wird's in den Sack geschüttet, und nun bekommt's der Müller. Der mahlt es zu Mehl, und das kauft der Bäcker. Dieser schüttet das Mehl in den Backtrog, gießt lauwarmes Wasser darauf, und bereitet den Teig daraus. Sauerteig, Salz und Kümmel kommt wohl auch dazu. Weißt du warum? Schwillt der Teig im Trog, so knetet ihn der Bäcker, und dann formt er die Brote daraus. Er schiebt sie in den heißen Backofen; da bekommen sie die braune Rinde. Jetzt ist das Brot gebacken.

Damit der Himmelvater das Korn gedeihen lasse, damit er Sonnenschein und Regen gebe, darum beten wir zu ihm: Gib uns heute unser tägliches Brot!

6. Die Hausthiere.

Franz ist bei einem Bauersmann gewesen, der hat ihm seinen Hof gezeigt. Hören wir, was Franz erzählt!

Dicht am Thore stand eine Hütte, in der lag der große Haushund. Die Sonne schien ihm in's Gesicht; darum blinzte er mit den Augen. Manchmal schnappte er nach den Fliegen, die einen Futtertrog umschwärmten. Bei Tage muß er ein wenig schlafen; denn er wacht die ganze Nacht. Der Packan ist ein gar treuer Wächter.

Still am Boden lag die Katze. Sie spitzte ihre Ohren und ringelte den Schweif; dann machte sie einen Sprung, und richtig hatte sie die Maus erwischt.

Darauf führte mich der Bauer in den Stall. Da standen Kühe, Kälber und Ochsen; wir waren im Rinderstall. Der Bauer sagte: „Da sind meine Milch=kühe, und da meine Zugochsen. Draußen auf dem Felde sind die Pferde, die ziehen den Pflug. Der Esel, der träge Gesell, hat einen Sack Korn in die Mühle tragen müßen. Kommt er heim, so soll er einen Leckerbissen haben; ich habe ihm Disteln vom Felde mitgebracht. Jetzt komm zum zweiten Stalle! Dort sind meine Schafe. Aus der weichen Wolle, die sie tragen, wird der Tuchmacher feines Tuch weben, und der Schneider soll dir einen schönen Rock daraus machen. Die Schafe sind gar nützliche Thiere.

Da im Garten siehst du die genäschige Ziege. Sie würde lieber auf den Bergen herumsteigen und im Walde ihre Nahrung suchen. Hier muß ich sie mit einem langen Stricke an einen Pflock binden. Wenn ich sie frei gehen ließe, würde sie meine jungen Obstbäume verderben; darum ist sie mit einem langen Stricke an einen Pflock gebunden.

Hörst du es in dem niedrigen Stalle schnaufen und grunzen? Das sind die Mastschweine. Mit ihren Rüsseln wühlen sie im Schmutz, und die großen hängenden Ohren verdecken beinahe ihre Augen. Sie sehen gar unsauber aus, und doch wird uns der Schweinbraten wohlschmecken. Ihre Borsten wird der Bürstenbinder zu Bürsten fügen. Doch jetzt kommt das Schönste!

„Kikeriki!" rief es lustig. Das war der Haushahn. Er stand auf einem Düngerhaufen, und streckte den Hals mit den glänzenden Federn gar stolz in die Höhe. Dann nickte er mit dem Kopfe, auf dem er den rothen Kamm wie eine Krone trug. Gern hätte ich ein paar Federn aus seinem Schweife gehabt; aber die läßt sich der Hahn nicht nehmen. Er hätte mich wohl mit seinem scharfen Sporn geritzt, oder mit seinem Schnabel gehackt, wenn ich ihm nahe gekommen wäre.

„Gluck, gluck!" rief ängstlich die alte Henne. Da kamen die gelben Küchlein herbei und krochen unter die Flügel der Mutter. Das große Huhn aber ließ sich nicht stören; es scharrte im Hofe kreuz und quer; es fand Körnlein und Würmer, die speiste es.

Gänse und Änten, große und kleine, schwammen auf dem Teiche umher; sie tauchten kopfunter in's Wasser und reckten ihre rothen Beinchen in die

Höhe. Dazu kollerte im Hofe der Truthahn und schrie der Pfau. Was für schöne Federn sah ich in seinem Schweife, als er das Rad schlug! Aber seine Stimme klingt doch gar nicht schön.

Auf hoher Säule stand das schmucke Tauben=
haus. Friedlich flogen die zierlichen Tauben ein und aus. Drinnen im Taubenhaus aber girrte und piepte es fein. Ob wohl junge Täubchen im Neste waren?

Als die Sonne untergieng, kamen die Knechte mit den Pferden vom Felde. Der Bauer hob mich auf den großen Rappen, und auf dem bin ich bis in den Stall geritten.

7. Der Hase.

Ich armer Hase bin ein gar verfolgtes Thier. Überall droht mir der Tod. Jäger und Hunde stellen mir nach, Raubvögel aus der Luft stürzen auf mich herab, Füchse aus den Höhlen schleichen mir nach, Katzen und Raben stelen meine Jungen. Wo soll ich Schutz suchen vor meinen Feinden! Ich kann nicht auf Bäume klettern, wie das Eichorn; ich kann nicht in Höhlen schlüpfen, wie meine Brüder, die Kaninchen. Wehren kann ich mich auch nicht. Ich habe wohl Zähne zum Nagen (das weiß der Gärtner recht gut), aber zum Beißen taugen sie nicht. Dann habe ich auch gar keinen Muth, wie ihn Löwen und Bären besitzen. Wenn ich ein Geräusch vernehme, muß ich sogleich meine langen Ohren in die Höhe richten. Kann ich mich nicht in eine Furche ducken, so laufe ich davon, so schnell es geht; dabei leisten mir meine langen Hinterbeine sehr gute Dienste.

Freilich holt mich der Hund nicht bald ein, es müßte denn das leichtfüßige Windspiel sein; aber dem Jäger kann ich schwer entlaufen. Wenn ich abends aus dem Walde komme und den Krautacker des Bauern besuchen will, sitzt der Jäger in der Hecke versteckt, und ehe ich mich's versehe, schießt er mir das Schrot in den Leib. Dann kommt der große Jagdhund und trägt mich zu seinem Herrn. Der steckt mich in seine Jagdtasche und bringt mich in die Küche. Die Köchin streift mir den Balg ab, und selbst dieser wird noch gerupft; denn aus meinen feinen Härchen macht der Hutmacher Hüte aller Art. Nachdem die Menschen mein Fleisch verzehrt haben, werfen sie den Hunden noch meine Knochen vor. Es ist gar so traurig, ein Hase zu sein!

8. Der Frosch.

Hast du schon den Storch im Grase waten gesehen? Dort sucht er einen leckern Schmaus, den Grasfrosch. Am Bachrande sitzt zuweilen der Wasserfrosch. Kommst du in seine Nähe, so springt er — plump! in's Wasser. Da breitet er seine vier Füße aus, und schwimmt so geschickt, daß es ihm niemand nachmachen kann.

Auf der Wiese und im Garten kann der Frosch freilich nur hüpfen; denn seine Hinterbeine sind länger als seine Vorderbeine.

Im Laube sitzt auch oft der Laubfrosch. Man sieht ihn selten, weil er so grün ist, wie das Laub. Aber hören kann man ihn um so besser, wenn er das Regenwetter ankündigt; dann quakt er. Dabei bläst er den Hals zu einem Kropfe auf.

Der Frosch ist ein gar sonderbares Thier. Seine Eier legt er nicht in ein Nest, wie die Vögel, sondern in's Wasser. Er brütet sie auch nicht selber aus; das thun die warmen Sonnenstralen. Der junge Frosch mit seinem Schwänzchen sieht einem schwarzen Fischlein ähnlich; er heißt dann Kaul= quappe. Erst wenn er das Schwänzchen verloren hat und ihm die Beinchen gewachsen sind, heißt er Frosch.

Im Winter verstecken sich die Frösche im Schlamme oder in der Erde und erstarren. Man sagt: die Frösche schlafen im Winter. Das ist ein langer Schlaf: der Winterschlaf. Wenn aber der Frühling kommt, dann wachen sie wieder auf, und machen eine gar lustige Musik. Wenn diese auch nicht schön ist, so gefällt sie uns doch. Warum?

9. Der Wald.

Im Wald und Busche bin ich gern! Das Brausen des Windes erhebt sich von fern und kommt immer näher und näher heran; das hört sich im Walde recht schauerlich an.

Wald nennt man ein Stück Land, welches dicht mit Bäumen bewachsen ist. Ein kleiner Wald heißt Busch oder Gehölz. Die Obstbäume im Garten müßen gepflegt werden; das thut der Gärtner. Die Bäume im Walde wachsen wild; doch pflanzt sie auch der Förster.

Manche Waldbäume haben Laub, manche haben Nadeln. Bäume, welche Blätter an den Zweigen haben, heißen Laubbäume oder Laubhölzer. Bäume, welche Nadeln statt der Blätter tragen, heißen Nadelbäume oder Nadelhölzer. Die Buche gehört zum Laubholz, die Tanne zum Nadelholz. Unser größter Laubbaum ist die knorrige Eiche mit ihren buchtigen Blättern. Dieser große Baum hat kleine Früchte: das sind die Eicheln in ihren Näpfchen.

Im Walde findet man auch zuweilen die Linde mit ihren duftenden Blüten, die Buche mit ihren Nüßchen, den Ahorn mit seinen lappigen Blättern, und die Birke mit ihrer weißen Rinde; ihre langen Äste hangen oft bis zur Erde herab.

Am Bache steht die zähe Weide und die dunkle Erle mit ihren klebrigen Blättern. Draußen an der Straße stehen die schattigen Kastanienbäume in langen Reihen; ihre schönen Blüten gleichen den Kerzen am Weihnachtsbaum.

All diese Laubbäume verlieren im Herbste ihre Blätter; im Frühlinge gibt ihnen der liebe Gott neuen Schmuck. Tannen, Fichten und Kiefern (Föhren) bleiben aber selbst im Winter grün; man sagt: sie sind immergrüne Bäume. Ein schlanker und zierlicher Baum ist der Lärchenbaum; er steht am sonnigen Waldrande.

10. Was noch im Walde wächst.

Neben den hohen Waldbäumen stehen auch mancherlei Gesträuche. Der Baum hat **einen** Holzstamm; der Strauch hat mehrere kleine Stämmchen. Da sehe ich den Brombeerstrauch, den Wacholderstrauch, den Weiß- und Schwarzdorn. Die ersten beiden haben Stacheln, die letzten beiden Dornen. Auch der Haselnußstrauch fehlt nicht. Seine Früchte, die länglichen braunen Nüsse kenne ich gar wohl. Die rothen Himbeeren, die blauen Heidelbeeren, die säuerlichen Preiselbeeren und die würzigen Erdbeeren habe ich schon oft im Walde gepflückt.

An der Waldquelle breitet sich grüner Rasen aus, dort weiden zur stillen Abendzeit Hirsche und Rehe. An Felsen und auf kühlem Grunde wächst das zarte Moos, und an der Buche sehe ich ein Gewächs, das heißt der Buchenschwamm. Aus diesem bereitet man den Feuerschwamm. Ein ganz anderer Schwamm oder Pilz ist der Fliegenschwamm. Man findet ihn an feuchten Stellen im Walde. Sein rother Hut ist mit weißen Tupfen geziert. Er sieht schön aus, ist aber giftig. Nicht alle Schwämme oder Pilze sind giftig; es gibt auch genießbare. Auch Blumen wachsen im Walde. Besonders lieblich sind die weißen, duftenden Maiglöckchen mit ihren frischen grünen Blättern.

11. Die Stadt.

Ein Ort, wo Menschen wohnen, heißt Wohnort. Die Stadt ist ein Wohnort, wo viele Menschen beisammen leben. Die Häuser der Stadt stehen dicht an einander in langen Reihen. Zwischen den Reihen der Häuser ziehen sich Straßen und Gassen hin; sie sind meistens gepflastert. An den Ecken derselben sind ihre Namen angeschrieben. Warum wohl? Die Häuser in der Stadt sind meist ein= und zweistöckig, auch drei= und vierstöckig. Die Häuser haben Nummern. Warum? Die Dächer sind mit Ziegel oder Schiefer gedeckt.

Manche Gebäude in der Stadt sind besonders groß und schön: die Kirchen, die Schulhäuser, das Rathhaus, die Kaserne, das Krankenhaus. Die Stadt hat auch große freie Plätze, die von Spaziergängern besucht werden. Diese Plätze sind zuweilen mit Denkmälern geziert, mit Bäumen und Blumen bepflanzt und mit Ruhebänken versehen.

Auf andern großen Plätzen wird Markt gehalten. Hier ist der Gemüsemarkt, dort der Butter= und Eiermarkt. Was wird auf dem Geflügelmarkt verkauft? Was auf dem Fischmarkt?

In der Stadt wohnen viele Handwerker und Kaufleute. Sie haben ihre Waren in Kaufläden feil. Weil in der Stadt viele Menschen beisammen leben, ist es auf den Straßen sehr belebt. Postwagen und Gesellschaftswagen, Kutschen und Karren rasseln daher. Darum muß der Fußgänger auf den Fußwegen längs der Häuser gehen.

12. Das Dorf.

Ein anderer Wohnplatz ist das Dorf. Da stehen die Häuser nicht immer dicht beisammen; Gärten oder Äcker liegen dazwischen. Die Häuser des Dorfes sind auch nicht so hoch, als die Häuser der Stadt. Viele Dorfhäuser sind aus Lehm und Holz gebaut, und haben Strohdächer oder Schindeldächer. An den Häusern befinden sich gewöhnlich Scheunen und Ställe. Die meisten Bewohner des Dorfes bebauen den Acker; sie sind Bauern. In den Dörfern wohnen jedoch auch Handwerker und Handelsleute.

Die Dorfstraße ist ungepflastert. Wenn man durch ein Dorf geht, so kann man das Krähen des Hahnes und das Bellen der Hunde hören. Im Herbst und Winter vernimmt man auch das Geklapper der Dreschflegel.

In vielen Dörfern ist auch ein Schloß; das ist das Haus des Gutsherrn. Ein anderes schönes Haus mit hohem Turme ist fast in jedem Dorfe: die Kirche oder das Gotteshaus.

Stoff zur Anschauung und Besprechung.

1. Das Buch, die Tafel, das Papier, die Tinte, die Feder, der Griffel, der Bleistift, die Kreide, das Richtscheit (Lineal).

2. Der Tisch, der Sessel, der Stuhl, die Bank, der Schämel, der Kasten, der Spiegel, die Bettstatt.

3. Die Wand, die Decke, der Boden, die Schwelle, das Gesimse, der Ofen, das Fenster, die Thür.

4. Die Stube (das Zimmer), die Kammer, die Küche, der Keller, die Treppe (die Stiege), der Gang, der Boden, das Dach, der Rauchfang (der Schornstein).

5. Das Messer, die Schere, die Nadel, die Säge, das Beil, der Hammer, der Hobel, die Hacke, der Bohrer, die Schaufel, die Zange.

6. Der Rock, die Hosen (das Beinkleid), die Weste, der Hut, die Haube, die Kappe, das Halstuch, die Halsbinde, das Hemd, das Leibchen, das Kleid, die Schürze, der Mantel, der Schuh, der Stiefel, der Strumpf, der Handschuh.

7. Brot, Suppe, Fleisch, Gemüse, Butter, Käse, Obst, Kuchen, Erdäpfel.

8. Wasser, Milch, Thee, Bier, Most, Wein, Kaffee.

9. Schüsseln, Teller, Flaschen, Gläser, Töpfe, Krüge, Kannen, Messer, Gabeln, Löffel, Schalen.

10. Ein Kind, ein Knabe, ein Mädchen, ein Jüngling, eine Jungfrau, ein Mann, ein Weib, ein Greis, ein Mütterchen, ein Herr, eine Frau.

11. Der Vater, die Mutter, der Sohn, die Tochter, der Großvater, die Großmutter, der Enkel, die Enkelin, der Bruder, die Schwester, der Vetter, die Muhme.

12. Der Bauer, der Priester, der Lehrer, der Arzt, der Richter, der Kaufmann, der Krieger (Soldat), der Handwerksmann, der Fuhrmann, der Schiffmann, der Hirt, der Taglöhner, der Knecht.

13. Der Hund, die Katze, das Rind, das Pferd, der Esel, das Schaf, die Ziege, das Schwein, der Hahn, die Henne, das Huhn, die Gans, die Ente, die Taube, der Truthahn, der Pfau.

14. Der Baum, der Strauch, das Getraide, das Gras, das Kraut, der Schwamm, das Moos, die Flechte, der Schimmel.

15. Stein, Holz, Silber, Gold, Eisen, Blei, Zinn, Kupfer, Thonerde, Wolle, Flachs, Hanf, Seide, Leder.

16. Der Müller, der Bäcker, der Fleischer, der Schuster, der Schneider, der Maurer, der Zimmermann, der Tischler (Schreiner), der Schmied, der Schlosser, der Glaser, der Töpfer (Hafner), der Wagner, der Sattler, der Weber, der Färber, der Faßbinder (Küfer), der Steinmetz.

17. Der Hirsch, das Reh, der Hase, das Eichorn, der Igel, die Maus, der Dachs, der Elefant, der Affe.

18. Die Eiche, die Linde, die Buche, der Ahorn, die Birke, die Pappel, die Weide, die Erle, der Kastanienbaum, die Fichte, die Föhre (Kiefer), die Tanne, die Lärche, der Apfelbaum, der Birnbaum, der Nußbaum, der Pflaumenbaum, der Kirschbaum.

19. Das Wiesel, der Marder, der Iltis, der Fuchs, der Wolf, der Bär, der Luchs, der Löwe, der Tieger.

20. Der Salat, der Kohl, der Blumenkohl, die Kohlrübe, die Bohne, der Rettich, die Gurke, der Kürbis, die Erbse, die Linse, die Möhre, die Zwiebel, der Schnittlauch.

21. Das Haus, die Kirche, die Schule, das Schloß, die Scheune, das Dorf, der Marktflecken, die Stadt.

22. Der Turm, die Uhr, der Knopf, das Kreuz.

23. Der Friedhof (Kirchhof, Gottesacker), Grabhügel, Denkmäler.

24. Der Sperling (der Spatz), der Fink, die Lerche, die Schwalbe, die Meise, die Amsel, der Rabe, der Geier, der Adler, die Eule.

25. Der Weizen, das Korn (der Roggen), die Gerste, der Hafer, der Mais (Wälschkorn, Türken-Kukuruz), der Buchweizen (Heiden), der Hirse, der Erdapfel (Kartoffel), der Lein, der Hanf, die Rübe.

26. Der Pflug, die Egge, der Rechen, die Sichel, die Sense, die Hacke, die Schaufel, der Wagen.

27. Der Kopf, die Gliedmaßen, der Rumpf, der Scheitel, die Stirn, die Augen, die Ohren, die Nase, die Wangen, der Mund, das Kinn.

28. Der Frosch, die Kröte, die Eidechse, die Schlange, der Molch, die Schildkröte, das Krokodil.

29. Die Forelle, der Karpfen, der Hecht, der Lachs, der Häring, die Sardelle.

30. Die Fliege, die Biene, der Schmetterling, der Maikäfer, die Raupe, die Spinne, die Ameise, der Krebs. — Die Schnecke, das Muschelthier, der Wurm.

31. Das Horn, der Flügel, die Klaue, die Kralle, der Huf, die Flosse, das Maul, der Schnabel, der Schweif.

32. Der Apfel, die Birne, die Zwetschke, die Pflaume, die Kirsche, die Weichsel, der Pfirsich, die Aprikose (Marille), die Nuß, die Mandel, die Pomeranze, die Kastanie.

33. Die Weinbeere, die Johannisbeere, die Himbeere, die Heidelbeere, die Haselnuß, die Schlehe, die Hagebutte, die Erdbeere.

34. Der Hügel, der Berg, das Thal, die Straße, die Wiese, der Acker, der Garten, der Wald, die Quelle, der Bach, der Fluß, der Strom, der Teich, der See, das Meer (die See).

35. Die Rose, die Nelke, die Lilie, das Veilchen, die Schlüsselblume (Himmelsschlüssel), die Glockenblume, das Vergißmeinnicht, die Kornblume.

36. Die Erde, die Sonne, der Mond, die Sterne.

37. Der Stamm, der Ast, der Zweig, das Blatt, die Blüte, die Frucht, der Same, die Wurzel, der Stängel, der Stiel, der Halm.

38. Der Regen, der Schnee, das Eis, der Hagel, der Blitz, der Donner, die Wolke, der Nebel, der Thau, der Reif, der Regenbogen, der Tag, das Morgenroth, das Abendroth, die Nacht.

39. Die Linie (gerade, krumm, senkrecht, wagrecht, schräg), die Kreislinie, der Durchmesser, der Halbmesser, der Winkel, das Quadrat, das Rechteck, das Dreieck, das Viereck, das Vieleck.

40. Der Würfel, die Kugel, die Säule, die Spitzsäule (Piramide), die Walze, der Kegel.

Lesestücke.

1. Ich sehe.

Zwei Augen hab' ich, klar und hell, die dreh'n sich nach allen Seiten schnell; die seh'n alle Blumen, Baum und Strauch und den hohen blauen Himmel auch. Die setzte der liebe Gott mir ein, und was ich kann sehen, ist alles sein.

2. Ich höre.

Zwei Ohren sind mir gewachsen an, womit ich alles hören kann, wenn meine liebe Mutter spricht: Kind, folge mir, und thu das nicht! wenn der Vater ruft: Komm her geschwind! ich habe dich lieb, mein gutes Kind!

3. Ich spreche.

Einen Mund, einen Mund hab' ich auch, davon weiß ich gar guten Gebrauch; kann nach so vielen Dingen fragen, kann alle meine Gedanken sagen; kann lachen, kann singen, kann beten und loben den lieben Gott im Himmel droben.

4. Ich spiele.

Hier eine Hand, und da eine Hand, die rechte und linke sind sie genannt; fünf Finger an jeder, die greifen und fassen. Jetzt will ich sie noch spielen lassen. Doch wenn ich erst groß bin, und was lerne, dann arbeiten sie alle auch gar gerne.

5. Ich gehe.

Füße hab' ich, die können steh'n, können zu Vater und Mutter geh'n. Und will es mit dem Laufen und Springen nicht immer so gut, wie ich's möchte, gelingen; thut nichts! Wenn sie nur erst größer sind, dann geht es noch einmal so geschwind.

6. Ich fühle.

Ein Herz, ein Herz hab' ich in der Brust, so klein, und klopft doch so voller Lust, und liebt doch den Vater, die Mutter so sehr. Und wisst ihr, wo ich das Herz hab' her? Das hat mir der liebe Gott gegeben, das Herz und die Liebe und auch das Leben.

7. Sei gehorsam.

An einem heitern Wintertage schaute Karl durch das Fenster auf die Wiese, die mit Schnee bedeckt war. Dort trieben sich lustige Knaben herum. Sie zogen ihre Schlitten einen Hügel hinan, setzten sich darauf und fuhren auf der glatten Schneebahn pfeilgeschwind herunter. Das gefiel dem Karl sehr, und er wäre gern dabei gewesen. Schnell holte er seinen Schlitten aus der Nebenkammer und fragte den Vater: Darf ich auf die Schlittenbahn gehen? Nein, antwortete der Vater. Sogleich trug Karl den Schlitten wieder in die Kammer. Nachher setzte er sich zu dem Vater und sie redeten mit einander. Die Mutter aber brachte einen braunen Saft in einem Fläschchen, goß ihn auf einen Löffel und sprach zu Karl: Sieh, Karl, diesen Saft schickt dir der Arzt, er soll dir von deinem bösen Husten helfen. Und Karl kostete den Saft, der war bitter. Er wendete sich weg, und wollte den Saft nicht trinken. Aber die Mutter blickte ihn ernst an, und sprach: Karl, trinke! Sogleich nahm Karl den Löffel, und schluckte die Arzenei. Er murrete nicht, sondern blieb freundlich.

Karl war **gehorsam** gegen Vater und Mutter. Kinder sollen ihren Ältern **Gehorsam** erweisen.

8. Das Lämmchen.

Ein junges Lämmchen, weiß wie Schnee, gieng einst mit auf die Weide. Muthwillig sprang es in den Klee mit ausgelaff'ner Freude.

Hopp, hopp gieng's über Stock und Stein
mit unvorsicht'gen Sprüngen.
Kind, rief die Mutter, Kind, halt ein! es
möchte dir mißlingen. Allein das Lämmchen hüpfte
fort, bergauf, bergab in Freuden; doch endlich
mußt's am Hügel dort für seinen Leichtsinn leiden.
Am Hügel lag ein großer Stein, den wollt' es
überspringen. Seht da, es springt und bricht ein
Bein. Aus war nun Lust und springen.

Ihr lieben muntern Kinder schreibt dieß tief
in eure Herzen: die Freuden, die man übertreibt,
verwandeln sich in Leiden.

9. Das Himmelsgewölbe.

Wenn wir im Freien aufwärts schauen,
so erblicken wir das schöne blaue Gewölbe,
welches wir Himmel nennen. Am Tage sehen
wir die stralende Sonne, in der Nacht den
leuchtenden Mond und die vielen Sterne.

Die Sonne erleuchtet und erwärmet die
Erde. Ohne Licht und Wärme könnten Menschen und Thiere nicht leben und gedeihen.
Auch die Pflanzen können das Licht nicht
entbehren. Manche Pflanzen wachsen zwar
in dunkeln Kellern, aber sie sehen sehr kümmerlich aus, sie blühen nicht und tragen
keine Früchte.

Die Zeit, da die Sonne am Himmel steht, heißt Tag. Wenn die Sonne aufgeht, wird es Tag; wenn sie untergeht, wird es Abend. Wenn die Sonne am höchsten steht, ist es Mittag. Dann schlagen die Uhren zwölf. Wenn die Uhren in der Nacht zwölf schlagen, so ist es Mitternacht. Wie heißen die vier Tageszeiten? Wann ist es Morgen, Mittag, Abend, Mitternacht?

Am Tage arbeiten wir, in der Nacht ruhen wir. Die beste Zeit zum Arbeiten ist der Tag, die beste Zeit zum Ruhen ist die Nacht. Die beste Ruhe ist der Schlaf. Wer fleißig gearbeitet und Gutes gethan hat, der schläft gut.

Gut den Tag vollbracht, ist so schön die Nacht;
Und gebetet brav, ist so süß der Schlaf.

10. Die zwei Lichter.

Zwei große Lichter hat Gott gemacht, damit sie leuchten Tag und Nacht; das erste so hell, das zweite so mild, in einen Mantel von Sternen gehüllt.

Die Sonne erscheint in stolzer Pracht, vertreibt die dunkeln Schatten der Nacht; nun sollst du schaffen und wirken viel, und theilen die Zeit in Arbeit und Spiel.

Der Mond, er ladet mit silbernem Schein den Müden zur sanften Ruhe ein, und freundlich lächelt sein Angesicht dem, der am Tage erfüllt seine Pflicht.

So wandeln beide schon Jahr' um Jahr', und scheinen trübe und scheinen klar, und predigen uns vom Himmelszelt den ewigen Gott, den Herrn der Welt.

11. Sei artig.

Ein Wanderer kam in ein Dorf. Mehrere Knaben standen am Wege und trieben ihr Spiel. Als nun der Fremde näher kam, da wichen die Knaben links und rechts aus, nahmen ihre Mützen ab und sagten freundlich: Guten Abend! Der Fremde grüßte auch sie mit Freundlichkeit, und als er einige Schritte fortgegangen war, drehte er sich um und fragte: Welcher Weg führt nach der Stadt? Die Knaben riefen: der zur rechten Hand. Doch alsbald gieng einer dem Mann nach, und führte ihn bis zu dem Hügel, wo er ihm den Weg deutlich zeigen konnte.

Das waren **artige** Knaben. Artigen Kindern ist jedermann gut.

12. Vogel am Fenster.

An das Fenster klopft es: pick, pick! Macht mir doch auf einen Augenblick. Dick fällt der Schnee, der Wind geht kalt; habe kein Futter, erfriere bald. Liebe Leute, o laßt mich ein; will auch immer recht artig sein. Sie ließen ihn ein in seiner Noth; er suchte sich manches Krümchen Brot, blieb fröhlich manche Woche da. Doch als die Sonne durch's Fenster sah, da saß er immer so traurig dort. Sie machten ihm auf: husch! war er fort.

Keinem Würmchen thu ein Leid! Sieh, in seinem schlichten Kleid hat's doch Gott im Himmel gern, sieht so freundlich drauf von fern; führt es zu dem Grashalm hin, dass es isst nach seinem Sinn; zeigt den Tropfen Thau ihm an, dass es satt sich trinken kann; gibt ihm Lust und Freudigkeit. Liebes Kind, thu ihm kein Leid!

13. Thue wohl deinem Nächsten.

Albert war von dem Felde heimgekommen. Da erhielt er von der Mutter das Abendbrot; es war ein schönes, weißes Stück. Er gieng hinab in den Hof und freute sich des Brotes, denn er hatte Hunger. Da kam des armen Nachbars Knabe daher und blieb vor ihm stehen. Der sah das schöne weiße Brot, und seufzte und sprach: O, meine kranke Schwester bat schon oft um weißes Brot; aber wir haben keins und können auch keins kaufen.

Albert sah den armen Knaben an, und sah wieder auf sein Brot, brach es in zwei Stücke und gab das größere dem Knaben. Da nimm, sprach er, und trag's geschwind deiner Schwester hin und sage, daß ich ihr's herzlich gönne.

Albert handelte **wohlthätig**, er übte **Wohlthätigkeit**.

14. Sei dankbar.

Am Abend saß A n n a vor der Thür und dachte an ihre Ältern. Sie dachte daran, wie sie von ihnen schon so viel empfangen habe, Speise, Kleider, Bücher; sie dachte, wie die Ältern immer so freundlich und liebreich mit ihr seien. Sie liebte ihre Ältern sehr, und sagte zu sich selbst: Könnte ich ihnen doch auch etwas geben!

Da fiel ihr ein, daß sie vor ein paar Tagen am Saume des Waldes halbreife Erdbeeren gesehen habe. Sie lief zur Mutter in's Haus und sprach: Liebe Mutter, erlaubst du mir, über die Wiese hinüber an den Saum des Waldes zu gehen? Ich will mir nur was holen und bin gleich wieder da.

Die Mutter erlaubte es, und Anna gieng an den Saum des Waldes, fand die Erdbeeren, die unterdessen groß und roth geworden waren, pflückte sie sammt den Stängeln, und band sie in zwei hübsche Sträußlein zusammen.

Vater und Mutter saßen vor der Hausthür, als Anna mit freudigem Gesicht zurückkam. Sie trat zu ihnen, und sprach leise: Vater, Mutter, ich bring' euch was! und reichte jedem ein Erdbeersträußlein hin.

Anna war **dankbar** gegen ihre Ältern.

15. Ein dankbarer Sohn.

Martin gieng zu einem Bauern und fragte ihn, ob er nicht Arbeit bekommen könne, um sich was zu verdienen.

Ja, sagte der Bauer, ich will dir Arbeit geben. Du sollst dafür täglich das Essen bei mir haben, und wenn du fleißig bist, für den ganzen Sommer sechs Gulden Lohn.

Ich will recht fleißig sein, sprach Martin, aber ich bitte Euch, gebt mir den Lohn am Gelde gleich in jeder Woche. Ich habe einen armen Vater zu Hause, der sich nichts verdienen kann. Ihm möchte ich gern wöchentlich meinen Lohn geben.

Diese kindliche Liebe gefiel dem Bauern sehr. Er willigte gern ein und vermehrte noch den Lohn. Der Sohn aber trug alle Samstage seinen Wochen= lohn, und was er sonst noch am Munde abgespart hatte, fleißig seinem Vater nach Hause.

Das war ein guter, **dankbarer** Sohn!

Tief hast du, Höchster, dein Gebot mir in das Herz geschrieben: den Ältern sollst du bis zum Tod gehorchen und sie lieben. O dieser theuern, süßen Pflicht vergesse meine Seele nicht!

16. Der Bär und die Bienen.

„Hört ihr da droben? ich bin der Bär! gleich gebet mir euern Honig her! Ich bin so groß, ihr seid so klein; mit euch will ich bald fertig sein!" Und eh die Bienen es sich versah'n, so klettert der Bär den Baum hinan. und klammert sich fest. und brummt und brummt. Das Volk im Stocke das summt und summt.

„Ihr Bienen, gebt mir den Honig her!"
„Ja, morgen, Herr Bär! heut nimmermehr!"
Der Bär steckt schon die Nase hinein. „Weg da, ihr Bienen, der Honig ist mein!"

Da stachen die Bienen frisch darauf los. „Sind wir auch klein. und bist du auch groß. Herr Bär, geh weiter und sieh dich vor, sonst wird es dich jucken in deinem Ohr, und deiner Nase wird's schlimm ergehn, wenn du nicht lässest den Honig stehn!"

Der Bär wird bös. Es hilft ihm nicht. Er knurrt und brummt; hilft alles nicht. Da juckt's auf der Zung', in der Nase. im Ohr: der Bär muß entlaufen. der arme Thor. Die Bienen, die jubelten: „Summ, summ, summ!" Der Bär, der knurrte: „Brumm, brumm, brumm!" Er lief, was er konnte; sie riefen ihm zu: „He! soll's dich nicht jucken, lass andre in Ruh'!"

17. Sei ehrlich.

Heinrich fand auf der Straße ein Messer. Er besah es und freute sich darüber, denn das Messer hatte zwei Klingen und eine schöne Schale. Er gieng beiseite und schnitt sich eine Ruthe aus der Hecke. Da kam ein Mann des Weges, der blickte auf den Boden, als ob er etwas suche. Heinrich sah den Mann und dachte: Gewiß hat der das Messer verloren. Er trat zu dem Manne hin und fragte, was er suche. Ein Messer mit zwei Klingen in einer weißen Schale, sprach der Mann. Da griff Heinrich in die Tasche und gab dem Manne das Messer, das er gefunden hatte.

Heinrich handelte **ehrlich;** er zeigte **Ehrlichkeit.**

18. Fuchs und Änte.

Fuchs. Frau Änte, was schwimmst du dort auf dem Teich? Komm doch einmal her an das Ufer gleich; ich hab' dich schon lange was wollen fragen.

Änte. Herr Fuchs, ich wüsste dir nichts zu sagen; du bist mir so schon viel zu klug; drum bleib' ich dir lieber weit genug.

Dem Fuchs, dem war's nur um den Braten, das hatte die Änte gar bald errathen; manch schönes Wörtlein rief er ihr zu; sie ließ ihn rufen, und schwamm in Ruh. Da ward er verdrießlich in seinem Sinn, und schlich am Ufer knurrend hin.

19. Zu einem guten Dienste sei allezeit bereit.

Der Lehrer saß in der Schulstube, und die Kinder kamen nach und nach. Sie waren fast schon alle da, eh es Zeit zum Anfang der Schule war. Aber sie waren heute alle so traurig und still, und redeten leise, und keines scherzte oder lachte.

Da fragte der Lehrer: Was ist's, daß ihr heute nicht heiter und munter seid, und einander so betrübt anschauet?

Sie schwiegen eine Weile, dann sagte ein Knabe: Ach, wir sind traurig wegen des Jakob, weil er so krank geworden ist.

Ist euch denn der Jakob so lieb? fragte der Lehrer.

Da riefen alle Kinder zusammen: O ja, sehr lieb!

Warum ist er euch denn so lieb? fragte der Lehrer wieder.

Weil er so gut ist, antworteten sie.

Ein Knabe sprach: Ich hatte einmal mein Buch verloren, da suchte es Jakob überall, und brachte es mir wieder.

Ein Mädchen sagte: Ich wollte einmal über die Straße gehen, aber ein großer Hund stand im

Wege, und ich fürchtete mich sehr. Da gieng Jakob mit mir, und jagte den Hund fort.

Ein anderer Schüler sagte: Ich sollte einmal einen schweren Korb auf's Feld tragen, und konnte es nicht, da trug Jakob mit mir.

Eine kleine Schülerin erzählte: Als im Frühjahr das große Wasser kam, und die Straße überschwemmt war, nahm Jakob mich auf den Arm, und trug mich hinüber.

Ein größeres Mädchen sagte: Mir hat Jakob schon oft am Brunnen geholfen, wenn ich Wasser holen mußte.

So erzählten die Kinder, und der Lehrer sprach: Ei, da hör' ich ja gar viel Schönes von Jakob; das ist ein **dienstfertiger** und **hilfreicher** Knabe; denn er leistet gern andern gute Dienste, und kommt gern andern zu Hilfe.

Dienstfertig sein ist schön, man liebt die **Dienstfertigen**. Wir wollen nun beten, daß Jakob wieder gesund werde.

Das war den Kindern aus dem Herzen gesprochen. Der Lehrer betete vor, und die Kinder beteten laut nach: O lieber Gott im Himmel! wir bitten dich recht von Herzen, daß du unsern guten Mitschüler Jakob bald gesund werden lassest.

Jakob wurde wieder gesund; und als er das erstemal in die Schule kam, da drängten sich alle Kinder zu ihm, und grüßten ihn freundlich, und freuten sich sehr.

20. Das Lied der Vögel.

Wir Vögel haben's wahrlich gut; wir hüpfen, fliegen, singen. Wir singen frisch und wohlgemuth, dass Wald und Feld erklingen. Wir fliegen lustig hin und her, und finden, was uns schmecket; wohin wir kommen, rings umher ist schon der Tisch gedecket. Und haben wir den Tag vollbracht, husch in das Laub der Bäume! drin ruhen wir gar sanft die Nacht, und haben schöne Träume. Und weckt uns früh der Sonnenschein, da schwingen wir's Gefieder. wir fliegen in die Welt hinein und singen uns're Lieder.

21. Schiebe nicht auf.

Eine fleißige Mutter hatte in ihrem Garten Gemüse aller Art. Eines Tages sagte sie zu ihrer kleinen Tochter, indem sie ihr ein Kohlblatt zeigte: Siehst du die gelben Kügelchen da? Das sind Eier, die der weiße Schmetterling gelegt hat. In jedem steckt eine Raupe; und wenn sie herauskommen, so fressen sie uns den Kohl bis auf die Stängel ab. Die müßen schnell vertilgt werden. Gleich Nachmittag wollen wir das Beet abgehen und die Eier zerdrücken.

Mittags kam ein Bote, der die Mutter zu ihrer kranken Schwester rief, die einige Meilen entfernt wohnte. Sie mußte schnell abreisen und ordnete alles an, was im Hause, während sie weg war, geschehen sollte.

„Die Arbeit im Kohlbeete," sagte sie zu Lieschen, „geht vor allem; mache sie sorgsam, hörst du, damit wir die Eier alle wegbringen; sonst ist's um unsern Kohl geschehen."

Als die Mutter fort war, hatte Lieschen an mancherlei zu denken; sie ordnete die Wäsche im Kasten, sie legte die schadhaften Stücke zum Ausbessern zurecht, sie besah sich auch das schöne Kleid, das ihr die Mutter zum Geburtstage geschenkt hatte. Aber das Kohlbeet verlor sie aus dem Sinn. So vergieng der Nachmittag. Als sie am Abend beim Vater saß und dieser fragte: „Hast du alles gethan, was die Mutter dir auftrug?" da gedachte sie der Arbeit im Garten, die vergessen war und schämte sich ihrer Versäumnis. „Aber morgen," sagte sie, „stehe ich früher auf und bin schnell damit fertig."

Am Morgen sah Lieschen durch's Fenster und wurde traurig. Der Himmel war dicht umwölkt, und es rieselten Tropfen vom Dache. Ein lauer Regen hatte sich eingestellt, die Wege im Garten waren naß, alle Beete durchweicht. „Ach," sagte Lieschen, „jetzt kann ich die Kohlblätter nicht abklauben, ich muß warten, bis es wieder trocken wird." Sie gieng an eine andere Arbeit, zu thun gab's genug.

Aber der Regen dauerte den ganzen Tag und noch zwei Tage fort; erst am vierten Tage brach die Sonne durch die Wolken und trocknete die Wege im Garten, das war der Tag, an welchem die Mutter zurückkehren sollte.

Lieschen schürzte ihr Kleid und eilte in den Garten. „Eh die Mutter da ist," dachte sie, „bin ich doch mit meiner Arbeit fertig."

Als sie aber das erste Kohlblatt umwendete und genau besah, da wurde ihr schlimmer zu Muthe. Die gelben Eier waren verschwunden und kleine schwarze Würmer krochen die Menge auf dem Blatt herum. Sie nahm ein zweites, ein drittes Blatt zur Hand, überall dieselben Würmchen in Menge. Der warme Sonnenstral nach dem lauen Regen hatte die Raupen zum Leben geweckt. Sie waren all aus den Eiern gekrochen. Da wurde dem Mädchen angst und bang. „Ach," seufzte sie, indem sie gebückt von Pflanze zu Pflanze schritt, „ach du mein Gott, es ist zu spät."

Da klang eine liebe Stimme in ihrer Nähe: „Was ist zu spät, Lieschen?" Lieschen blickte auf und flog weinend ihrer Mutter an den Hals. „Mutter, liebe Mutter, verzeih, ich habe die Kohl=blätter nicht gleich abgesucht, wie du es befahlst, jetzt sind die Raupen ausgekrochen und fressen den Kohl."

Die Mutter beruhigte das Kind. „Verloren ist der Kohl noch nicht, da die Raupen noch klein sind, aber unsere Arbeit wird jetzt schwerer und lästiger sein.

Merke dir es für dein ganzes Leben, Lieschen: **Was du heute thun kannst, verschiebe nie auf morgen.**"

22. Sei nicht zornig.

Franz und Josef giengen in die Schule. Auf dem Wege zog Josef eine Schrift hervor, und zeigte sie dem Franz. Dieser besah die Schrift, und sagte: Ei, Josef! da hast du ja viele Fehler gemacht, und hast nicht fleißig geschrieben. Er wollte dem Josef die Fehler zeigen; der aber wurde zornig, riss ihm die Schrift aus der Hand, und gab ihm heftige Stöße mit der Faust. Franz stieß nicht wieder, sondern gieng ruhig weiter; doch sprach er: Josef, ich werde es dem Herrn Lehrer sagen, wie du mich gestoßen hast. Sag' es! antwortete Josef.

Aber als sie nahe an der Schule waren, da zupfte Josef den Franz am Ärmel, und sprach: Du, Franz! hörst du? sage dem Lehrer nichts; hörst du? ich will dich nimmer stoßen, und schlagen will ich dich auch nimmermehr. Hörst du, Franz?

Franz kehrte sich zu Josef, und sah, dass er betrübt und ängstlich war. Josef streckte ihm die Hand entgegen, und bat um Verzeihung. Da reichte ihm Franz die Hand und sprach: Es ist verziehen und vergessen!
Josef handelte **zornig**. Franz blieb **gelassen**.
Josef **bat um Verzeihung**.
Franz verzieh ihm; er war **versöhnlich**.

23. Rede wahr.

In einem heißen Sommer versiegten viele Brunnen, daß sie kein Wasser mehr gaben. In einem Dorfe, das auf einem Berge lag, waren alle Brunnen leer, und man mußte das Wasser im Thale holen. Nun giengen auch zwei Knaben mit ihren Krügen zum Brunnen in's Thal hinab, Peter und Paul.

Als sie beim Brunnen angekommen waren, wollte jeder seinen Krug zuerst füllen, und darüber kamen sie in Streit. Sie riefen einander Schimpfnamen zu, und wurden zuletzt so zornig, daß sie einander schlugen, und dabei zerbrachen sie ihre Krüge.

Nun kam aber der Schreck über sie, und wie sie heimkehrten, jeder allein und ohne Krug und ohne Wasser, da wurde ihnen recht angst; sie fürchteten sich vor der Strafe.

6 *

Es war aber nahe am Brunnen ein Mann gewesen, der hatte alles gesehen und gehört; die Knaben jedoch hatten ihn nicht bemerkt.

Peter kam zuerst heim. Wo hast du denn das Wasser? fragte sein Vater. Peter wurde roth, und konnte nicht reden. Da fragte der Vater wieder: Du hast doch nicht den Krug fallen lassen und zerbrochen?

Nun sagte Peter: Ach, Vater, ich habe einen großen Fehler begangen. Als ich mit Nachbars Paul zum Brunnen kam, so wollte jeder zuerst schöpfen; wir bekamen Streit und zerbrachen die Krüge. Ich bitte dich; verzeihe mir, ich werde es gewiß nicht wieder thun! Der Vater ermahnte den Peter, daß er künftig friedlich und vorsichtig sei, und verzieh ihm. Darüber wurde Peters Herz erleichtert, und er liebte seinen Vater noch mehr.

Paul kam auch heim. Sein Vater wartete schon auf das Wasser, denn er war durstig. Da trat Paul vor ihn hin, und sprach: Vater, mir ist ein Unglück begegnet. Als ich am Wege ausruhete und den Krug neben mich hinstellte, kam ein Stein vom Abhange herabgerollt, und zerschlug den Krug. Ich kann nichts dafür! Aber Paul wußte nicht, daß der Mann hinter ihm stand, welcher beim Brunnen alles mit angesehen hatte. Dieser erzählte nun dem Vater, wie es hergegangen war. Da wurde der Vater sehr ernst, und züchtigte den Paul streng.

Peter redete **wahr**, er sprach die **Wahrheit**. Das ist recht und gut. Paul redete **unwahr**, er **log**, er sagte eine **Lüge**. Das ist schlecht und bös.

24. Gesteh, was du gefehlt hast.

Die Mutter saß mit dem kleinen Heinrich in der Wohnstube. Da kam der Vater aus dem Garten herein; er war betrübt, und sprach mit ernster Stimme: Da hat mir einer muthwillig meine Freude verdorben; an den Zwergbäumen sind fast alle Blüten abgerupft! Darüber wurde die Mutter betrübt, und Heinrich sah erschrocken zu Boden.

Der Vater fragte ihn: Heinrich, weißt du nicht, wer mir die Blüten abgerissen hat? Da stand Heinrich auf, blickte bald den Vater an, bald zum Boden nieder und sagte ängstlich: Vater, ich hab' es gethan! Ich wusste nicht, dass dich das betrüben werde!

Da sprach der Vater: Die Bäumchen werden in diesem Jahre keine Frucht tragen, weil du die Blüten zerstört hast. Als Heinrich das hörte, ward er noch trauriger und bat weinend um Verzeihung.

25. Sei fromm.

Marie dachte oft und gern an Gott, und hatte Freude daran, von Gott zu reden. Sie gieng gern in die Kirche, sie betete gern, und dachte immer beim Gebete an das, was sie sprach. Sie war **andächtig.**

Marie that niemandem etwas zu Leide, sondern erwies jedem Gutes, wo sie konnte, denn sie wußte, daß dem lieben Gott dieß gefällt. Sie war **fromm.**

Marie hütete sich sorgfältig vor allem Bösen. Sie scheute sich, etwas zu denken, zu reden oder zu thun, was dem lieben Gott oder guten Menschen mißfallen konnte. Sie fürchtete nichts so sehr, als das, was Gott mißfällig ist. Sie war **gottesfürchtig.**

26. Der Morgen.

Die Nacht ist vorüber, und es wird hell. Der Hahn hat schon gekräht; die Vögel zwitschern vor den Fenstern. Die Bienen fliegen aus ihrem Stocke hervor und suchen in den Blumen Honig. Die Tauben fliegen auf den Hof oder in's Feld, um ihr Futter zu suchen. Auf Wiesen und auf Feldern glänzt es von hellen Thautropfen, und alles ist erfrischt. Auch die Menschen sind wieder munter. Sie danken dem lieben Gott für den sanften Schlaf der Nacht und für die neuen Kräfte. Und dann gehen sie frisch und fröhlich an die Arbeit.

Mein Gott! vorüber ist die Nacht, gesund und froh bin ich erwacht; behüte du mich diesen Tag, dass ich nichts Böses lernen mag.

27. Der Abend.

Es wird Abend. Die Sonne sinkt an den Rand des Himmels hinab; die Wolken werden roth, die Luft wird kühler, das Gras wird feucht vom Thau. In der Luft spielen die Mücken; die Vögel singen ihr letztes Lied; die Arbeiter kommen von dem Felde zurück, die Viehherden von der Weide. Alles ist müde und sehnt sich nach Ruh. Aber Menschen und Thiere sind auch hungrig und warten auf ihr Abendbrot. Bald werden sie satt sein. Die Menschen beten dann zu dem lieben Gott, dass er sie auch im Schlafe behüten wolle, dann schlafen sie in Gottes Namen ein.

Lieber Gott, kannst alles geben, gib auch, was ich bitte nun: Schütze diese Nacht mein Leben, lass mich sanft und sicher ruhn.

28. Die Tage der Woche.

Sieben Tage und sieben Nächte machen eine Woche aus. Die sieben Tage der Woche heißen: Sonntag, Montag, Dienstag, Mittwoch, Donnerstag, Freitag, Samstag (Sonnabend).

29. Knechte und Mägde.

Vier Knechte hab' ich mir bestellt, die helfen durch die ganze Welt; die stehn mir bei mit frischem Muth, und richten alles treu und gut.

Der erste, der heißt: Aufmitdemhahn!
Der zweite, der heißt: Selbstgethan!
Der dritte, der heißt: Folgaufdenwink!
Der vierte, der heißt: Arbeitflink!

Vier Mägde hab' ich mir bestellt, die thun, was jedem wohlgefällt; die rasten nicht und ruhen nicht, bis alles schön ist hergericht'.

Die erste, die heißt: Haltdichrein!
Die zweite, die heißt: Schickdichdrein!
Die dritte, die heißt: Säumnichtlang!
Die vierte, die heißt: Bittunddank!

30. Das Jahr.

Zu einem Monate gehören vier Wochen und einige Tage, zu einem Jahre gehören zwölf Monate. Die zwölf Monate des Jahres heißen: Jänner (Januar), Februar, März, April, Mai, Juni, Juli, August, September, Oktober, November, Dezember. Drei Monate gehören zu einem Vierteljahre. Es gibt vier Jahreszeiten; sie heißen: Frühling, Sommer, Herbst und Winter. Der Frühling fällt in die

Monate März, April und Mai; der Sommer in den Juni, Juli und August; der Herbst in den September, Oktober und November; der Winter in den Dezember, Jänner und Februar.

31. Die vier Brüder.

Vier Brüder gehn jahraus jahrein im ganzen Land spazieren, und jeder kommt für sich allein, uns Gaben zuzuführen.

Der erste kommt mit leichtem Sinn, in reines Blau gehüllet, streut Knospen, Blätter, Blüten hin, die er mit Düften füllet.

Der zweite tritt schon ernster auf, mit Sonnenschein und Regen, streut Blumen aus in seinem Lauf, der Ärnte reichen Segen.

Der dritte naht mit Überfluss, und füllet Küch' und Scheune, bringt uns zum süßesten Genuss viel Äpfel, Nüss' und Weine.

Verdrießlich braust der vierte her, in Nacht und Graus gehüllet, sieht Feld und Wald und Wiesen leer, die er mit Schnee erfüllet.

Wer sagt mir, wer die Brüder sind, die so einander jagen? Leicht räth sie wohl ein jedes Kind, drum brauch' ich's nicht zu sagen.

32. Der Frühling.

Die schönste Jahreszeit ist der Frühling. Da gibt es überall neues, frisches Leben, während im Winter alles abgestorben und öde war. Da sprossen Gräser, Blumen und Kräuter. Da schmücken sich die Bäume mit Blättern und Blüten. Da scheint die Sonne wieder wärmer, und ladet uns zum fröhlichen Spiele ein. Da kommen wieder die munteren Vögelein aus fernem Lande und singen, und bauen ihre Nester in Gärten und Wäldern. Da quaken die Frösche in Sümpfen und Teichen, die Bienen sammeln Wachs und Honig aus Blumen und Blüten, und der Landmann zieht am frühen Morgen auf das Feld hinaus.

33. Der Sommer.

Auf den Frühling folgt der Sommer. Die Tage werden heißer, und wir suchen den erquickenden Schatten. Das Getraide reift zur Ärnte; die Bäume sind mit Früchten beladen. Alle Geschöpfe freuen sich der Gaben, womit der liebe Gott die Erde segnet.

Zuweilen aber ziehen Gewitter auf mit Donner und Blitz und starken Regengüssen. Es hagelt wohl auch, und Eisstücke fallen aus den Wolken und zerschlagen die Früchte der Felder. Aber auch die

Gewitter haben ihren Nutzen; sie reinigen die Luft und machen die Erde fruchtbar.

Gott sendet Thau und Regen, er sendet Sonnenschein; da glänzt das Feld von Segen und wir — wir ärnten ein.

Gottes Auge.

Vögel spielen in der Luft, Blumen geben süßen Duft, Schmetterling schwebt leise fort, Küh' und Schafe weiden dort.

In dem Wald steht Baum und Strauch, springen Reh' und Hirsche auch; Gottes Auge sieht auf sie, schützt und nährt sie spät und früh.

Das Gewitter.

Wolken kommen hergezogen, und der Vogel singt nicht mehr; Winde sausen hin und her, dunkel wird's am Himmelsbogen.

Rothe Flammen zucken nieder und der Donner rollt und schallt; rauschend über Flur und Wald strömen Regengüsse nieder.

Aber wenn's auch blitzt und krachet, stehen wir in Gottes Hand, der den Blitz hat hergesandt und das gute Kind bewachet.

Der Regenbogen.

Wer hat den schönen Bogen am Himmel ausgespannt? so hoch hinaufgezogen wohl über's ganze Land? Wer hat mit buntem Lichte ihn siebenfach geschmückt, dass ich so gerne richte mein Aug' zu ihm entzückt? Gott, groß an allen Enden, du bist der Herr allein. Du bist's, der ihn da droben so herrlich hingestellt, dich will ich ewig loben; wie schön ist deine Welt!

34. Der Herbst.

Im Herbst sind die Äpfel und Weintrauben reif. Die Blätter der Bäume werden gelb und fallen ab. Die Tage werden kürzer und die Nächte länger. Der Bauer geht auf den Acker und streut neuen Samen, damit es künftiges Jahr nicht an Brot fehle. Die Schwalben, die Störche und viele andere Vögel ziehen von uns fort, weil es bei uns kalt wird und sie kein Futter finden. Die Stürme beginnen zu brausen. Die Witterung wird rauher, und die Laubbäume stehen in kurzer Zeit kahl da. Alle Blumen sind abgefallen; nur einige Astern im Garten blühen noch kurze Zeit; dann ist auch ihre Herrlichkeit zu Ende.

Knabe und Zugvögel.

Knabe. Ihr Vögel alle, wohin, wohin?

Vögel. Nach wärmeren Ländern steht unser Sinn.

K n a b e. So weit über Berg und Feld und Meer? Verirrt ihr euch nicht gar zu sehr?
V ö g e l. Der liebe Gott mit seiner Hand, der führt uns immer in's rechte Land!

35. Der Winter.

Hu, wie pfeift der Wind über das Feld und durch die Straßen! Ohren und Nase spüren seine Schärfe am meisten. Das Auge wird von der weißen Schneedecke geblendet. Doch diese Decke ist gar nützlich; denn sie schützt die zarten Pflanzen vor dem Erfrieren. Die armen Thiere des Waldes leiden manchmal rechte Noth im strengen Winter. Die Hasen kommen in die Obstgärten und benagen die Rinde der jungen Bäume. Draußen im Walde ist der Gesang der Vögel verstummt. Hirsche und Rehe suchen im Dickicht Schutz vor der Kälte; und wir sitzen im Winter gern in der geheizten Stube.

Auf dem Flusse treiben Eisschollen. Wenn die Kälte länger dauert, frieren sie aneinander. Dann ist das Wasser von einer festen Decke überzogen. Schwere Wagen können darüber hinfahren, wie über eine Brücke. Auf den glatten Stellen des Eises tummeln sich Schlittschuhläufer. Das ist ein Vergnügen!

Kind, merk' es dir!

Die Thür der Schule öffne leise, und tritt hinein auf artige Weise; das wird den Lehrer stets erfreu'n, und dir ein guter Anfang sein.

Ein frommer Gruß aus deinem Mund, der gibt den Schülern allen kund, dass einer kam, der fühlt und weiß: W i r l e r n e n h i e r z u G o t t e s P r e i s.

Fromm falte zum Gebet die Hände, zu G o t t dein Herz und Auge wende, damit, so wie an Alter, du an Gnad' und Weisheit nehmest zu.

Das Lernen, Kind, ist deine Pflicht. Drum schwätze nicht und tändle nicht. Denk stets: Wenn ich zur Schule komm', so muß ich artig sein und fromm. Nur dann hat mich der Lehrer gern, wenn ich bei ihm recht fleißig lern'. Was immer er mir zeigt und sagt, das merk' ich gut, und wenn er fragt, dann sprech' ich laut und wohlbedacht. So ist es allzeit recht gemacht.

Was du gebraucht, das leg' sofort an den ihm angewies'nen Ort. Dann bleibt es lange ganz und rein, und wird zur Hand dir immer sein.

Was dir der Lehrer sagt, das thu; was er verbietet, lasse du. Denn seinen Lehrer kindlich lieben', ist ja des Schülers erste Pflicht; durch Ungehorsam ihn betrüben, das thäte nur ein Bösewicht.

Die Wahrheit red' in allen Dingen, und mag sie dir auch Strafe bringen. G o t t hilft nur dem, der Wahrheit spricht; dem b ö s e n L ü g n e r hilft er n i c h t!

Was Anlass gibt zu Zank und Streit, das sei von dir vermieden, und wo der and're sich entzweit, da stifte du den Frieden.

Kannst du gefällig sein, mein Kind, so sei es gern, und hilf geschwind. Das macht beliebt und jedermann freut sich, wenn er d i r helfen kann.

Kommst aus der Schule du zurück, so säume keinen Augenblick, und grüße laut und freundlich wieder die lieben Ältern. Schwestern, Brüder. Dann lege deine Bücher schnell an die gewohnte sich're Stell'!

Zu Hause sei bescheiden, still, und thue, was die Mutter will. Und was der gute Vater spricht, befolge schnell und zög're nicht. Frag niemals erst: Warum? wozu? S i e m e i n e n's g u t, d'r u m f o l g e d u.